Die Deutschprofis B1

Wörterheft

Ernst Klett Sprachen
Stuttgart

Bildquellen

Cover iStockphoto (PeopleImages), Calgary, Alberta; **4.1** Thinkstock (sezer66), München; **4.2** Thinkstock (Photodisc), München; **4.3** Shutterstock (Fabio Di Natale), New York; **4.4** Thinkstock (microgen), München; **4.5** Thinkstock (AndreyKaderov), München; **9.1** Thinkstock (Ayvan), München; **9.2** Thinkstock (-M-I-S-H-A-), München; **9.3** Shutterstock (Dmitry Skutin), New York; **9.4** Shutterstock (Matthias G. Ziegler), New York; **9.5** Thinkstock (oranhall), München; **9.6** Thinkstock (Suljo), München; **9.7** Thinkstock (RuslanOmega), München; **9.8** Shutterstock (Thepartofx), New York; **10.1** Shutterstock (Dmitry Skutin), New York; **10.2** Thinkstock (ERphotographer), München; **12** Gunther Pagel (Gunther Pagel), Viernheim; **13.1** Thinkstock (andylid), München; **13.2** Thinkstock (LightFieldStudios), München; **13.3** Thinkstock (gbh007), München; **14** Shutterstock (Halfpoint), New York; **15** Thinkstock (rsester), München; **16.1** Thinkstock (GlobalP), München; **16.2** Thinkstock (GlobalP), München; **16.3** Thinkstock (Kaphoto), München; **16.4** Thinkstock (8vFanI), München; **16.5** Thinkstock (lowkick), München; **17.1** Thinkstock (Voren1), München; **17.2** Thinkstock (bazilfoto), München; **17.3** Thinkstock (nelik), München; **17.4** Thinkstock (thawats), München; **18.1** Thinkstock (Chesky_W), München; **18.2** Tinkstock (ze_pedro), München; **19.1** Thinkstock (Kurhan), München; **19.2** Thinkstock (kvkirillov), München; **20.1** Thinkstock (Narathip12), München; **20.2** Thinkstock (selensergen), München; **20.3** Thinkstock (Anna_leni), München; **23** Shutterstock (marilyn barbone), New York; **24.1** Klett-Archiv (Stephan Klonk, Berlin), Stuttgart; **24.2** Thinkstock (Zoonar RF), München; **25.1** Thinkstock (VectorPocket), München; **25.2** Thinkstock (TopVectors), München; **25.3** Thinkstock (The_Pixel), München; **26** Klett-Archiv (Stephan Klonk, Berlin), Stuttgart; **30.1** Thinkstock (alenkadr), München; **30.2** Thinkstock (Hyrma), München; **30.3** Thinkstock (margouillatphotos), München; **30.4** Thinkstock (Richard Griffin), München; **31.1** iStockphoto (Milkos), Calgary, Alberta; **031.2** Thinkstock (Milkos), München; **31.3** Thinkstock (freestylephoto), München; **31.4** iStockphoto (fotostorm), Calgary, Alberta; **32** © dpa - Bildarchiv, Ingo Wagner; **33** Shutterstock (sirtravelalot), New York; **37** Thinkstock (Creatas Images), München; **38** Shutterstock (ESB Professional), New York; **39.1** Shutterstock (Yulia Glam), New York; **39.2** Shutterstock (Mountain Brothers), New York; **40** iStockphoto (tomch), Calgary, Alberta; **43** Shutterstock (ESB Professional), New York; **44** Shutterstock (Sergey Skleznev), New York; **45** Shutterstock (Africa Studio), New York; **46** Thinkstock (blanaru), München; **48** Thinkstock (IvanC7), München; **49** stock.adobe.com (minicel73), Dublin; **52** Shutterstock (Rawpixel.com), New York; **53** Klett-Archiv (Stephan Klonk), Stuttgart; **55** Shutterstock (Hrytsiv Oleksandr), New York; **58** Shutterstock (JNP), New York; **60** Thinkstock (Khep), München; **61** Thinkstock (Meinzahn), München; **62** iStockphoto (donald_gruener), Calgary, Alberta; **66.1** Thinkstock (Barbara Penoyar), München; **66.2** iStockphoto (Jayesh), Calgary, Alberta; **67** Shutterstock (yanik88), New York; **68.1** Thinkstock (Martina_L), München; **68.2** iStockphoto (popovaphoto), Calgary, Alberta; **68.3** Shutterstock (Bogdan Florea), New York

Projektteam Elisabeth Kunze, Enikő Rabl
Herstellung Claudia Stumpfe
Satz Katja Schüch, Kirchheim unter Teck
Illustrationen Zoltán Jécsai, Budapest (S. 7, 11, 21, 25, 39, 49, 50, 69)
                Vera Brüggemann, Bielefeld (S. 52, 53, 64, 65)
Umschlaggestaltung Sabine Kaufmann
Reproduktionen Meyle + Müller, Medien-Management, Pforzheim

1. Auflage 1 ⁷ ⁶ ⁵ | 2023 22 21

Druck und Bindung Elanders GmbH, Waiblingen

ISBN 978-3-12-**676492**-6

9 783126 764926

INHALT

die **Sportart**, -en   Welche Sportart möchtest du ausprobieren?   _____

das **Klettern**   _____

das **Turnen**   _____

das **Slacklining**   _____

das **Kajakfahren**   _____

das **Judo**   _____

die **Mannschaft**, -en   Fußball spielt man in einer Mannschaft.   _____

die **Kraft**, ⸚e   Beim Turnen muss man viel Kraft haben.   _____

speziell   Zum Klettern braucht man spezielle Schuhe.   _____

Mein Lieblingssport

das Gleichgewicht halten, hielt, hat gehalten | Beim Slacklining musst du auf dem Seil das Gleichgewicht halten. | _____

fair | Es ist wichtig, im Sport fair zu spielen. | _____

frisch
an der frischen Luft | Beim Kajakfahren ist man in der Natur und immer an der frischen Luft. | _____

der **Verein**, -e | Machst du Sport in einem Verein? | _____

schwierig | Am Anfang ist es schwierig, die richtige Technik zu lernen. | _____

sich konzentrieren, konzentrierte s., hat s. konzentriert | Ruhe bitte, ich muss mich konzentrieren. | _____

der **Wurf**, ⸚e | 20 Meter! Das war ein toller Wurf! | _____

zu zweit | Tischtennis spielt man nicht allein. Man spielt zu zweit oder zu viert. | _____

der **Schläger**, - | Wenn du mitspielen willst, brauchst du einen Tischtennisschläger. | _____

der **Wettkampf**, ⸚e | Vor Wettkämpfen bin ich immer aufgeregt. | _____

sich bewegen, bewegte s., hat s. bewegt | Ich bewege mich gern zur Musik. Tanzen ist toll! | _____

nerven, nervte, hat genervt | Musik nervt beim Lernen. | _____

joggen, joggte, ist / hat gejoggt | Einmal die Woche joggt Christian im Park. | _____

selbstbewusst | Ich möchte stark und selbstbewusst werden. | _____

das **Selbstbewusstsein**	Wenn man etwas schafft, hat man mehr Selbstbewusstsein.	_____
die **Disziplin**	Für das Training braucht man Disziplin.	_____
die **Fitness**	Ich jogge. Meine Fitness wird immer besser.	_____
das **Ziel**, -e	Das Ziel ist es, den Ball in das andere Tor zu bringen.	_____
starten, startete, ist gestartet	Im August startet der neue Tanzkurs.	_____

Kinder laufen für Kinder

erreichen, erreichte, hat erreicht	Mit der Aktion möchten wir erreichen, dass man sich mehr bewegt.	_____
der **Lauf**, ⸚e	Der Lauf findet jedes Jahr einmal statt.	_____
unterstützen, unterstützte, hat unterstützt	Die Eltern unterstützen ihre Kinder beim Lauf.	_____
der **Betrag**, ⸚e	Der Betrag ist 1 Euro pro Runde.	_____
spenden, spendete, hat gespendet	Wir spenden das Geld für Hilfsprojekte.	_____
die **Spende**, -n	Die Spenden gehen an Hilfsprojekte.	_____
bestimmen, bestimmte, hat bestimmt	Ihr bestimmt selbst, wen ihr unterstützen wollt.	_____
die **Strecke**, -n	Die Strecke ist einen Kilometer lang.	_____
egal	Alle können teilnehmen, das Alter ist egal.	_____

der **Läufer**, -
die **Läuferin**, -nen

Der Läufer kann so viele
Runden drehen, wie er will.

_____

die **Runde**, -n

_____

die **Bewegung**, -en

Viel Bewegung und eine

gesunde Ernährung sind wichtig.

_____

die **Ernährung**

_____

für einen guten Zweck

Bei der Aktion laufen wir für
einen guten Zweck.

_____

die **Olympischen Spiele** (Pl.)

Die besten Sportler können
an den Olympischen Spielen
teilnehmen.

_____

Für Olympia trainieren

die **Meisterschaft**, -en

Die Sportlerin nimmt an den
deutschen Meisterschaften teil.

_____

der **Meister**, -
die **Meisterin**, -nen

Gratulation! Wau ist der Meister
im Lauf.

_____

der **Pokal**, -e

_____

die **Medaille**, -n

Die ersten drei bekommen
eine Medaille.

_____

die **Sekunde**, -n

Ich habe 100 Meter in 14,8
Sekunden geschafft.

_____

antreten bei + D, trat an,
ist angetreten

Ich möchte bei den
Schulwettkämpfen antreten.

_____

beweisen, bewies, hat bewiesen	Bei den deutschen Meisterschaften bewies Leilani ihre sportliche Leistung.	_____
der **Erfolg**, -e	Auf ihren Erfolg ist sie stolz.	_____
angeben mit + D, gab an, hat angegeben	Sie gibt aber nicht mit ihrem Erfolg an.	_____
ehrgeizig	Im Sport ist Leilani sehr ehrgeizig.	_____
weiterhin	Sie trainiert, um weiterhin zu den besten zu gehören.	_____
gehören zu + D, gehörte, hat gehört		_____
die **Karriere**, -n	Sie möchte im Profisport Karriere machen.	_____
draußen	Beim Snowboardfahren ist man draußen auf der Piste.	_____
vorhaben, hatte vor, hat vorgehabt	Ich habe vor, mehr Sport zu machen.	_____

das **Instrument**, -e   Spielst du ein Instrument?   _____

der **Kontrabass**, ⸚e   _____

das **Schlagzeug**, -e   _____

die **Harfe**, -n   _____

das **Fagott**, -e   _____

die **Geige**, -n   _____

die **Trompete**, -n   _____

das **Akkordeon**, -s   _____

das **Keyboard**, -s   _____

elektronisch   Das Keyboard ist ein elektronisches Instrument.   _____

der **Rhythmus**, Rhythmen   Das Schlagzeug gibt den Rhythmus an.   _____

angeben, gab an, hat angegeben   _____

tief   Der Kontrabass klingt ganz tief.   _____

klingen, klang, hat geklungen   _____

das **Streichinstrument**, -e   Die Geige und die Gitarre sind Streichinstrumente.   _____

das **Blasinstrument**, -e   Die Trompete ist ein Blasinstrument.   _____

das **Tasteninstrument**, -e   Das Klavier und das Keyboard sind Tasteninstrumente.   _____

die **Taste**, -n   Ein Keyboard hat bis zu 60 Tasten.   _____

die **Saite**, -n   Die Harfe hat 47 Saiten, 7 Pedale und einen Rahmen aus Holz.   _____

der **Rahmen**, -   _____

das **Pedal**, -e   _____

die Saite

der Rahmen

das Pedal

Das tollste Musikinstrument

das **Orchester**, -   Das Schulorchester gibt nächste Woche ein Konzert.   _____

das **Konzert**, -e   _____

unbedingt   Ich wollte unbedingt auch ein Instrument lernen.   _____

sich entscheiden für + A, entschied s., hat s. entschieden   Ich habe mich für die Klarinette entschieden.   _____

die **Klarinette**, -n   _____

der **Ton**, ⸚e

Es ist nicht einfach, mit der Klarinette einen schönen Ton zu spielen.

_____

den Ton treffen, traf, hat getroffen

Du hast den Ton nicht richtig getroffen.

_____

schrill

Das Fagott klingt besonders weich und nicht schrill.

_____

der **Anfänger**, -
die **Anfängerin**, -nen

Er spielt erst seit einem Monat, er ist noch Anfänger.

_____

die **Kusine**, -n

Seine Kusine spielt Geige, darum hat er sich auch dafür entschieden.

_____

darum

_____

deswegen

Eine Geige ist klein und handlich, deswegen kann man sie überallhin mitnehmen.

_____

handlich

_____

außerdem

Außerdem klingt sie sehr schön.

_____

einziger, einziges, einzige

Das einzige Problem ist, dass viele Geige spielen.

_____

sich durchsetzen, setzte s. durch, hat s. durchgesetzt

Man muss sich durchsetzen, wenn man Geige in einem Orchester spielen will.

_____

der **Musiker**, -
die **Musikerin**, -nen

Jakob Bruckner ist ein berühmter Popmusiker.

_____

leise

Kann man ein Schlagzeug auch leise spielen?

_____

Eine Schulband stellt sich vor

die **Band**, -s

der **Pop** Spielt die Band Pop oder Rock? _____

der **Rock** _____

die **Elektromusik** Ich höre viel Elektromusik. _____

der **Hip-Hop** Kannst du Hip-Hop tanzen? _____

der **Jazz** Jazz mag ich nicht. _____

der **Techno** Techno ist mir zu laut. _____

der **Reporter**, - Der Reporter interviewt die _____
die **Reporterin**, -nen Schulband.

nervös Seid ihr nervös vor Konzerten? _____

ob Der Reporter fragt die Band, ob _____
sie mit dem Konzert zufrieden
war.

der **Star**, -s Lady Gaga ist weltberühmt. _____
Sie ist ein Star.

das **Volkslied**, -er Kennst du das Volkslied „Heut _____
kommt der Hans zu mir?"

die **Strophe**, -n Das Lied hat zwei Strophen. _____

der **Text**, -e Der Text gefällt mir überhaupt _____
nicht.

überhaupt _____

der **Hit**, -s Das Lied läuft den ganzen Tag _____
im Radio. Das ist ein Hit!

eher Magst du Pop oder eher Elektro? _____

schicken, schickte, hat geschickt	Ich weiß noch nicht, ob ich zum Konzert komme. Ich schicke dir eine Nachricht.	_____
die **Münze**, -n		_____

Ich bin ein Fan!

die **Klassik**	Ich höre viel Klassik. Am liebsten Mozart.	_____
der **Reggae**	Ich mag Reggae. Bei dem Sound denke ich gleich an Sommer.	_____
der **Sound**, -s		_____
das **Album**, Alben		_____
im Moment	Im Moment höre ich das neue Album von …	_____
großartig	Das neue Album ist großartig!	_____
abhängen von + D, hing ab, hat abgehangen	Welche Musik ich höre, hängt von meiner Stimmung ab.	_____
die **Stimmung**, -en		_____
die **Kritik**, -en	Das Publikum war zufrieden. Es gab keine Kritik.	_____
fantastisch	Das Konzert war toll. Einfach fantastisch!	_____
Ich bin begeistert!		_____

unterschiedlich	Techno und Reggae klingen sehr unterschiedlich.	_____
die **Volksmusik**	Kennst du die bayerische Volksmusik?	_____

leider	Die Musik klingt schön, leider gefallen mir die Texte nicht.	_____
klassisch	Ich höre gern klassische Musik von Mozart.	_____
modern	Ich mag die neuesten Hits aus dem Radio, die sind modern und cool.	_____
vorschlagen, schlug vor, hat vorgeschlagen	Ich schlage vor, wir gehen ins Konzert von …	_____

der **Mẹnsch**, -en	In Deutschland leben 82,5 Millionen Menschen.	_____
grẹnzen an + A, grẹnzte, hat gegrẹnzt	Deutschland grenzt im Norden an die Ostsee und an die Nordsee.	_____
die **Lạndschaft**, -en	Wie ist die Landschaft in deinem Land? Gibt es Berge, Flüsse oder ein Meer?	_____
das **Gebịrge**, -	Die Alpen sind ein Gebirge.	_____
der **Hügel**, -	Ein Hügel ist kleiner als ein Berg.	_____
das **Bụndesland**, ⸚er	Deutschland besteht aus 16 Bundesländern.	_____

Im Schwarzwald

das **Gebiet**, -e	Der Schwarzwald ist das größte Waldgebiet in Deutschland.	_____

stạmmen von + D, stạmmte, hat gestạmmt	Der Name „Schwarzwald" stammt von den Römern.	_____
der **Nạdelwald**, ⸚er	Ein Nadelwald besteht aus Nadelbäumen.	_____
die **Tạnne**, -n	Tannen und Fichten sind Nadelbäume.	_____
die **Fịchte**, -n		_____

das **Reh**, -e

das **Wildschwein**, -e

der **Dachs**, -e

die **Möglichkeit**, -en

Es gibt viele Möglichkeiten, im Schwarzwald Sport zu machen.

genießen, genoss, hat genossen

Man kann die Natur genießen oder das regionale Essen probieren.

regional

die **Spezialität**, -en

Die Schwarzwälder Kirschtorte ist eine Spezialität aus dem Schwarzwald.

die **Tradition**, -en

Es ist eine alte Tradition, Kuckucksuhren anzufertigen.

anfertigen, fertigte an, hat angefertigt

entspringen, entsprang, ist entsprungen

Der Fluss „Donau" entspringt im Schwarzwald.

die **Schicht**, -en

Der Wald besteht aus mehreren Schichten.

der **Strauch**, -̈er

_____

die **Wurzel**, -n

_____

der **Boden**, -̈

_____

der **Lebensraum**, -̈e

Der Wald ist der Lebensraum
für viele Tiere und Pflanzen.

_____

der **Igel**, -

_____

der **Regenwurm**, -̈er

_____

das **Eichhörnchen**, -

_____

der **Schmetterling**, -e

_____

das **Insekt**, -en

Bienen und Schmetterlinge
gehören zu den Insekten.

_____

ganz unten

Ganz unten in der Wurzelschicht
leben die Regenwürmer, ganz
oben die Vögel.

_____

ganz oben

_____

bilden, bildete, hat gebildet

Die Schichten bilden Stock-
werke im Wald.

_____

die **Etage**, -n

Wer wohnt in der ersten Etage?

_____

das **Dachgeschoss**, -e

Das Dachgeschoss ist ganz oben.

_____

der **Ort**, -e

Der Wald ist ein Ort, wo man
gut wandern kann.

_____

Technik lernt von der Natur

das **Vorbild**, -er — Das Vorbild für das Design war die Natur. _____

das **Design**, -s _____

der **Stoff**, -e — Die Tischdecke ist aus einem Stoff, der sich selbst reinigen kann. _____

sich reinigen, reinigte s., hat s. gereinigt _____

der **Ingenieur**, -e
die **Ingenieurin**, -nen — Die Ingenieure gucken viel von der Natur ab. _____

abgucken von + D, guckte ab, hat abgeguckt _____

untersuchen, untersuchte, hat untersucht — Der Forscher untersuchte die Pflanze. _____

feststellen, stellte fest, hat festgestellt — Er stellte fest, dass sich die Pflanze selbst reinigen kann. _____

winzig — Sie hat winzige Häkchen, die man fast nicht sieht. _____

nachbauen, baute nach, hat nachgebaut — Der Ingenieur baute die Pflanze nach. _____

der **Druck** — Der Druck im Wasser ist groß. _____

der **Forscher**, -
die **Forscherin**, -nen — Die Forscher finden viel Neues heraus. _____

herausfinden, fand heraus, hat herausgefunden _____

schlammig	Wenn es regnet, ist der Boden schlammig.	_____
das **Blatt**, ⸚er	Ein Baum hat viele Blätter.	_____
sauber	Das Zimmer ist nicht sauber, es gibt viel Staub auf den Möbeln.	_____
der **Staub**		_____
der **Schmutz**	Auf dem Boden ist Schmutz. Mach bitte sauber!	_____
der **Biologe**, -n die **Biologin**, -nen	Der Biologe untersucht die Pflanze unter dem Mikroskop.	_____
das **Mikroskop**, -e		_____

folgender, folgendes, folgende	Er kommt zu folgendem Ergebnis: …	_____
der **Techniker**, - die **Technikerin**, -nen	Der Techniker baut ein Modell.	_____
das **Modell**, -e		_____
die **Oberfläche**, -n	Der Tisch hat eine glatte Oberfläche.	_____
sich eignen, eignete s., hat s. geeignet	Der Stoff eignet sich gut bei Regen.	_____
entwerfen, entwarf, hat entworfen	Techniker entwerfen Modelle für die Zukunft.	_____
der **Kompass**, -e		_____

der **F<u>o</u>toapparat**, -e

die **Batter<u>ie</u>**, -n

die **Elektriz<u>i</u>tät**

Die Batterie ist eine technische Erfindung, mit der man Elektrizität speichern kann.

sp<u>ei</u>chern, sp<u>ei</u>cherte, hat gesp<u>ei</u>chert

vergr<u>ö</u>ßern, vergr<u>ö</u>ßerte, hat vergr<u>ö</u>ßert

Mit einem Mikroskop kann man kleine Dinge vergrößern.

die **Entf<u>e</u>rnung**, -en

Mit einem Flugzeug kann man über weite Entfernungen fliegen.

Erfindungen für die Zukunft

die **J<u>u</u>gend**

„Jugend forscht" ist ein Wettbewerb für Schüler und Schülerinnen.

f<u>o</u>rschen, f<u>o</u>rschte, hat gef<u>o</u>rscht

sich interess<u>ie</u>ren für + A, interess<u>ie</u>rte s., hat s. interess<u>ie</u>rt

Interessierst du dich für Technik?

die **Inform<u>a</u>tik**

Leon ist gut in Informatik, er hat eine App entwickelt.

die **Literat<u>u</u>r**

Ich lese gern und interessiere mich für Literatur.

die **Chem<u>ie</u>**

die **Phys<u>i</u>k**

digital

Ich lerne digital – mit einer App!

_____

programmieren,
programmierte,
hat programmiert

Leon programmierte eine App für das Smartphone.

_____

automatisch

Sie funktioniert noch nicht automatisch.

_____

die **Funktion**, -en

Er möchte einige Funktionen verbessern.

_____

verbessern, verbesserte,
hat verbessert

_____

der **Roboter**, -

Wie funktioniert der Roboter?

_____

funktionieren, funktionierte,
hat funktioniert

_____

der **Knopf**, ⸚e

_____

das **Rad**, ⸚er

_____

der **Hebel**, -

_____

drücken, drückte,
hat gedrückt

Wenn man den Knopf drückt, schaltet sich der Roboter ein.

_____

einschalten, schaltete ein,
hat eingeschaltet

_____

drehen, drehte, hat gedreht

Wenn man das Rad dreht, bewegt sich der Arm.

_____

der **Gegenstand**, ⸚e

Welchen technischen Gegenstand benutzt du jeden Tag?

_____

ausgeben für + A, gab aus, hat ausgegeben | Wofür gibst du dein Taschengeld aus? | _____

wahrscheinlich | Wahrscheinlich geben viele Geld für Kinokarten und Zeitschriften aus. | _____

an erster Stelle | Oft gebe ich Geld für Süßigkeiten aus. Das steht an erster Stelle für mich. | _____

zuletzt | an letzter Stelle | _____

Mein Taschengeld

die **Statistik**, -en | Die Statistik zeigt, wofür Kinder in Deutschland ihr Taschengeld ausgeben. | _____

TASCHENGELD WOFÜR?

Von je 100 Kindern zwischen 6 und 13 Jahren geben so viele ihr Taschengeld aus für

Süßigkeiten, Kaugummi	63 %
Zeitschriften, Comics	44 %
Getränke	36 %
Eis	35 %

das **Prozent**, -e | 35 Prozent kaufen sich Eis von ihrem Taschengeld. | _____

die **meisten** | Die meisten kaufen sich Süßigkeiten. | _____

viele | Viele lesen gern Jugendzeitschriften. | _____

wenige | Nur wenige müssen das Handy selbst bezahlen. | _____

Das überrascht mich. | | _____

Das habe ich nicht gedacht. | | _____

salzig	Die Chips sind salzig.	_____
total	Das Computerspiel gefällt mir nicht. Es ist total blöd!	_____
sparen für + A, sparte, hat gespart	Ich möchte ein Computerspiel kaufen. Dafür spare ich.	_____
ungerecht	Mein kleiner Bruder bekommt genauso viel Taschengeld wie ich. Das ist ungerecht.	_____
etwas	Ich hätte gern etwas mehr Taschengeld.	_____
ein wenig	Ich möchte ein wenig mehr Taschengeld.	_____
ziemlich	Sie bekommt ziemlich wenig Taschengeld, nur 8 Euro.	_____
die **Kosmetika** (Pl.)	Mein Aussehen ist mir wichtig. Ich kaufe mir Kleidung und Kosmetika.	_____
bezahlen, bezahlte, hat bezahlt	Was ich für die Schule brauche, bezahlen meine Eltern.	_____
aufbessern, besserte auf, hat aufgebessert	Wenn ich zu Hause helfe, kann ich mein Taschengeld aufbessern.	_____
der **Haushalt**, -e	Bei uns muss jeder im Haushalt helfen.	_____
abmachen, machte ab, hat abgemacht	Ich habe mit meinen Eltern abgemacht, dass ich im Garten arbeite.	_____
der **Ferienjob**, -s	Mit einem Ferienjob kann ich mein Taschengeld aufbessern.	_____

auskommen mit + D, kam aus, ist ausgekommen	Ich komme gut mit 20 Euro im Monat aus.	_____
reichen, reichte, hat gereicht	Das ist genug Geld. Das reicht mir.	_____
sich überlegen, überlegte s., hat s. überlegt	Ich überlege mir genau, wofür ich Geld ausgebe.	_____
empfehlen, empfahl, hat empfohlen	Kannst du mir einen guten Film empfehlen?	_____

Auf dem Flohmarkt

der **Flohmarkt**, ⸚e	Die Schüler verkaufen alte Sachen auf dem Flohmarkt.	_____
beschließen, beschloss, hat beschlossen	Die Klasse hat beschlossen, das Geld dem Tierheim zu spenden.	_____
aufhängen, hängte auf, hat aufgehängt	Die Klasse hängt Plakate für den Flohmarkt auf.	_____
der **Stand**, ⸚e	Machst du auch beim Flohmarkt mit? – Klar, ich habe einen Stand mit Spielen.	_____
der **Schmuck**	Das Mädchen verkauft Schmuck.	_____

die **Kette**, -n		_____
der **Zustand**, ⸚e	Das Spiel ist in gutem Zustand. Es ist fast wie neu.	_____
der **Preis**, -e	5 Euro für das Buch? Der Preis ist zu hoch!	_____
die **Größe**, -n	Welche Größe hat das T-Shirt? – Größe M.	_____

Gute Ideen für gute Werbung

die **Werbung**, -en	Das Plakat macht Werbung für ein neues Produkt.	_____
das **Produkt**, -e		_____
kühl	Heute sind nur 5 Grad. Das ist kühl.	_____
garantieren, garantierte, hat garantiert	Der Film gefällt dir bestimmt. Garantiert!	_____
der **Moment**, -e	Es war ein toller Moment, als wir beim Wettkampf gewonnen haben.	_____
rätselhaft	Ich habe keine Ahnung, wo mein Heft ist. Es ist rätselhaft.	_____
günstig	Der Preis ist günstig, nur 2 Euro.	_____
perfekt	Wir haben das perfekte Geschenk – ein Krokodil!	_____
genial	Die Idee ist genial!	_____
der **Autor**, -en die **Autorin**, -nen	J. K. Rowling ist die Autorin von „Harry Potter".	_____
der / die **Paprika**, -		_____
der **Hut**, ⸚e		_____

verschlossen	Die Tür ist zu. Das Zimmer ist verschlossen.	_____

Eine Klasse, viele Sprachen

die **Nationalität**, -en	Wir haben viele verschiedene Nationalitäten in der Klasse.	_____
verschieden		_____
der **Klassenkamerad**, -en die **Klassenkameradin**, -nen	Wir gehen in dieselbe Klasse, wir sind Klassenkameraden.	_____
wild	In der Pause reden alle wild durcheinander.	_____
ausländisch	Karim hat ausländische Wurzeln. Sein Vater kommt aus Tunesien.	_____
sich unterhalten, unterhielt s., hat s. unterhalten	Karim unterhält sich mit Hassan vor allem auf Arabisch.	_____
vor allem		_____
sonst	Sprich bitte laut, sonst verstehe ich dich nicht.	_____
unwohl	Ich fühle mich unwohl, wenn ich nichts verstehe.	_____
verlernen, verlernte, hat verlernt	Wenn du eine Sprache lange nicht sprichst, verlernst du sie.	_____
mischen, mischte, hat gemischt	Karim spricht drei Sprachen. Beim Sprechen mischt er manchmal die Sprachen.	_____
obwohl	Obwohl ich schon viel auf Deutsch verstehe, kann ich noch nicht alles sagen.	_____

die **Biografie**, -n	Die Biografie erzählt die Lebensgeschichte.	_____
übersetzen, übersetzte, hat übersetzt	Kannst du den deutschen Text in deine Sprache übersetzen?	_____
stammen aus + D, stammte, hat gestammt	Aynurs Eltern stammen aus der Türkei. Sie sind dort geboren.	_____
allerdings	Aynur allerdings nicht. Sie ist in Deutschland geboren.	_____
die **Muttersprache**, -n	Die Muttersprache lernt man als Kind von seinen Eltern.	_____
die **Fremdsprache**, -n	Deutsch ist für mich eine Fremdsprache.	_____
die **Vielfalt**	Von der Vielfalt an Sprachen können in der Klasse alle profitieren.	_____
profitieren von + D, profitierte, hat profitiert		_____
sich einigen, einigte s., hat s. geeinigt	Wir haben uns geeinigt, dass wir in der Deutschstunde nur Deutsch sprechen.	_____

Bitte mit Respekt

der **Respekt**	Respekt und Toleranz in der Klasse sind sehr wichtig.	_____
die **Toleranz**		_____
die **Schwierigkeit**, -en	Die Schüler hatten Schwierig-keiten, den Tanz zu lernen.	_____
gelingen, gelang, ist gelungen	Zum Schluss gelang es allen, den Tanz zu lernen.	_____

das **Verständnis**	Durch das Projekt entwickelten die Schüler mehr Verständnis füreinander.	_____
es geht um + A	Bei dem Projekt geht es um mehr Verständnis füreinander.	_____
der **Volkstanz**, ¨e	Die Klasse 7d hat Volkstänze aus Russland gelernt.	_____
der **Tanzschritt**, -e	Es war schwer, sich die Tanzschritte zu merken.	_____
sich merken, merkte s., hat s. gemerkt		_____
trotzdem	Der Tanz war nicht einfach, trotzdem hatten alle viel Spaß.	_____
kulturell	Andere Länder haben andere kulturelle Traditionen.	_____
die **Kultur**, -en	Auf Reisen kann man andere Kulturen kennenlernen.	_____
die **Gemeinschaft**, -en	Wir sind ein gutes Team, eine Gemeinschaft.	_____
stärken, stärkte, hat gestärkt	Das gemeinsame Tanzen stärkt die Gemeinschaft.	_____
das **Heimatland**, ¨er	Mein Heimatland ist …, hier bin ich geboren.	_____
ausdrücken, drückte aus, hat ausgedrückt	Im Tanz kann man auch ohne Worte viel ausdrücken.	_____
die **Ehrlichkeit**	Es ist gut, dass du mir offen deine Meinung sagst. Danke für deine Ehrlichkeit.	_____
die **Höflichkeit**	Sei bitte höflich. Höflichkeit ist wichtig.	_____
der **Mut**	Dein Vortrag wird gut, nur Mut!	_____
der **Fleiß**	Ohne Fleiß kein Preis!	_____

die **Hilfsbereitschaft**	Danke für deine Hilfsbereit-schaft, ohne dich kann ich das nicht schaffen.	_____
die **Sorgfalt**	Bitte mach deine Haus-aufgaben mit mehr Sorgfalt.	_____
sorgfältig	Arbeite genauer und sorgfältiger.	_____
die **Verantwortung**, -en	Eltern haben die Verant-wortung für ihre Kinder.	_____
die **Pünktlichkeit**	Pünktlichkeit bedeutet, ich komme nicht zu spät zum Unterricht.	_____
die **Wahrheit**, -en	Bitte sei ehrlich und sag mir die Wahrheit.	_____
aufmerksam	Die Klasse hört im Unterricht aufmerksam zu.	_____
unterbrechen, unterbrach, hat unterbrochen	Wenn jemand spricht, hören wir ihm zu und unterbrechen ihn nicht.	_____
umgehen mit + D, ging um, ist umgegangen	Wir gehen freundlich miteinander um.	_____
behandeln, behandelte, hat behandelt	Behandelt einander bitte mit Respekt.	_____

International essen

der **Vegetarier**, - die **Vegetarierin**, -nen	Ich esse kein Fleisch, ich bin Vegetarier.	_____
geeignet	Spaghetti sind auch für Vegetarier geeignet.	_____
die **Soße**, -n	Ich esse gern Spaghetti mit Tomatensoße.	_____

die **Süßspeise**, -n	Crêpes sind eine Süßspeise.	_____
das **Mehl**	Crêpes macht man aus Eiern, Mehl und Milch.	_____
der **Zimt**	Ich liebe Crêpes mit Zucker und Zimt.	_____
der / das **Ketchup**, -s		_____
die **Zwiebel**, -n		_____
das **Rindfleisch**	Karim isst Rindfleisch, aber er isst kein Schweinefleisch.	_____
das **Hackfleisch**	Hamburger sind aus Hackfleisch.	_____
die **Kichererbse**, -n	Falafeln macht man aus Kichererbsen.	_____
die **Nudeln** (Pl.)	Spaghetti sind lange, dünne Nudeln.	_____
das **Fladenbrot**, -e		_____
der **Reis**	Isst du zum Fleisch lieber Kartoffeln oder Reis?	_____
die **Dose**, -n	Kichererbsen kann man in der Dose kaufen.	_____
nichts	Ich habe keinen Hunger, ich möchte nichts.	_____
das **Vitamin**, -e	Obst hat viele Vitamine.	_____
normalerweise	Normalerweise esse ich viel Obst.	_____

die **Mẹnsa**, Mẹnsen / Mẹnsas	Ich esse nicht gern in der Schule, das Essen in der Mensa schmeckt nicht.	_____
der **Pfạnnkuchen**, -	Wir backen Pfannkuchen!	_____
die **Zutat**, -en	Die Zutaten für Pfannkuchen sind Milch, Eier und Mehl.	_____
verrühren, verrührte, hat verrührt	Zuerst Milch und Mehl verrühren.	_____

dazugeben, gab dazu, hat dazugegeben	Dann die Eier dazugeben.	_____

der **Lọffel**, -		_____
erhịtzen, erhịtzte, hat erhịtzt	Die Butter in der Pfanne erhitzen.	_____

der **Teig**, -e	Den Teig aus Mehl, Milch und Eiern in die Pfanne geben.	_____
die **Pfạnne**, -n		_____
verteilen, verteilte, hat verteilt	Den Teig in der Pfanne gut verteilen und backen.	_____
wẹnden, wẹndete, hat gewẹndet	Den Pfannkuchen wenden und von der anderen Seite backen.	_____

Das segelnde Klassenzimmer

das **Segelschiff**, -e

an Bord
An Bord des Segelschiffes sind 34 Schüler.

außergewöhnlich
Es ist eine außergewöhnliche Reise für die Schüler.

der **Atlantik**
Mit dem Schiff sind sie auf dem Atlantik unterwegs.

die **Besatzung**, -en
Das Schiff hat eine Besatzung von 50 Personen.

sich kümmern um + A, kümmerte s., hat s. gekümmert
Die Besatzung kümmert sich um das Schiff.

das **Segel**, -
Das Schiff fährt, wenn der Wind in den Segeln bläst.

der **Kapitän**, -e
Der Kapitän steuert das Schiff.

sich leisten, leistete s., hat s. geleistet
Das ist zu teuer, das kann ich mir nicht leisten.

das **Stipendium**, Stipendien
Es gibt Stipendien für Schüler, die nicht so viel Geld haben.

sich bewerben, bewarb s., hat s. beworben
Schüler aus der 9. und 10. Klasse können sich für die Fahrt bewerben.

unterrichten, unterrichtete, hat unterrichtet
Der Lehrer unterrichtet die Schüler.

die **Region**, -en
Die Schüler lernen verschiedene Regionen kennen, wenn sie an Land gehen.

der **B<u>au</u>er**, -n   Von den Bauern kaufen sie Obst. _____
die **B<u>äu</u>erin**, -nen

die **<u>Au</u>sdauer**   Wer einen Berg besteigen will, _____
braucht viel Ausdauer.

sich er<u>i</u>nnern an + A,   Erinnerst du dich an die _____
er<u>i</u>nnerte s., hat s. er<u>i</u>nnert   Klassenfahrt im letzten Jahr?

das **Kn<u>ie</u>**, -   Wenn man Angst hat, hat man _____
weiche Knie.

sich tr<u>au</u>en, tr<u>au</u>te s.,   Erst hatte ich Angst, aber dann _____
hat s. getr<u>au</u>t   habe ich mich getraut: Ich bin
den Mast hochgeklettert.

der **M<u>a</u>st**, -en _____

n<u>a</u>chdenken, dachte n<u>a</u>ch,   Ich denke nach, wie ich das _____
hat n<u>a</u>chgedacht   Problem lösen kann.

Ich bin gesp<u>a</u>nnt auf ...   Ich bin gespannt, was wir auf _____
der Reise erleben.

der **St<u>u</u>rm**, ⸚e   Ist es bei Sturm gefährlich auf _____
dem Schiff?

<u>u</u>ntergehen, ging <u>u</u>nter,   Ich hätte Angst, dass das Schiff _____
ist <u>u</u>ntergegangen   bei Sturm untergeht.

m<u>i</u>tfahren, fuhr m<u>i</u>t,   Würdest du auch gern mal auf _____
ist m<u>i</u>tgefahren   einem Segelschiff mitfahren?

das **H<u>ei</u>mweh**   Auf einer langen Reise hätte _____
ich Heimweh.

So lernen wir

das **Chem<u>ie</u>labor**, -s/-e _____

die **Aktiv<u>i</u>tät**, -en   Welche Aktivitäten magst _____
du im Unterricht?

diskutieren, diskutierte, hat diskutiert	Wir diskutieren über ein Thema.	_____
der **Wert**, -e	In Physik messen wir Werte.	_____
beobachten, beobachtete, hat beobachtet	Wir beobachten die Vögel im Wald.	_____
experimentieren, experimentierte, hat experimentiert	In Chemie experimentieren wir viel im Unterricht.	_____
der **Entwurf**, ⁻e	In Kunst zeichnen wir erst Entwürfe, dann malen wir das Bild mit Farbe.	_____
analysieren, analysierte, hat analysiert	In Deutsch analysieren wir Gedichte.	_____
die **Präsentation**, -en	Ich halte heute eine Präsentation über Umweltverschmutzung.	_____
erstellen, erstellte, hat erstellt	Die Präsentation habe ich am Computer erstellt.	_____
recherchieren, recherchierte, hat recherchiert	Die Informationen für das Thema habe ich im Internet recherchiert.	_____
beschreiben, beschrieb, hat beschrieben	In Kunst analysieren und beschreiben wir Bilder von Malern.	_____
öde	Ach wie öde, das Thema interessiert mich nicht.	_____
Es fällt mir schwer, ...	Es fällt mir schwer, Vokabeln zu lernen.	_____
die **Vokabel**, -n		_____
abfragen, fragte ab, hat abgefragt	Meine Schwester fragt mich die neuen Vokabeln ab.	_____

durcheinanderbringen, brachte durcheinander, hat durcheinandergebracht	Ich vergesse immer alles oder bringe die Wörter durcheinander.	_____
die **Hälfte**, -n	Die Hälfte der Wörter habe ich vergessen.	_____
aufnehmen, nahm auf, hat aufgenommen	Du kannst die Wörter mit deinem Handy aufnehmen und sie dir anhören.	_____
der **Spaziergang**, ⸚e	Pausen helfen beim Lernen. Mach einen Spaziergang an der frischen Luft.	_____
vortragen, trug vor, hat vorgetragen	Trag die Präsentation zu Hause laut vor.	_____
Notizen machen, machte, hat gemacht	Mach dir für die Präsentation kurze Notizen.	_____
einfallen, fiel ein, ist eingefallen	Mit Notizen fällt dir dein Text wieder leichter ein.	_____
benutzen, benutzte, hat benutzt	Benutze zum Wörterlernen auch die Online-Übungen.	_____
der **Lerntyp**, -en	Welcher Lerntyp bist du? Lernst du Wörter am besten durch Lesen, Hören oder Sehen?	_____

Pro und contra

das **Ferienlager**, -	Im Sommer fahre ich in ein Ferienlager.	_____
freiwillig	Manche Schüler büffeln freiwillig in den Ferien für bessere Noten.	_____
büffeln, büffelte, hat gebüffelt		_____
die **Abschlussprüfung**, -en	Die Abschlussprüfung ist die letzte Prüfung.	_____

die **Nachhilfe**, -n	Felix ist nicht so gut in Mathe, deshalb geht er zur Nachhilfe.	_____
positiv	Es ist positiv, wenn die Noten besser werden.	_____
negativ	Es ist negativ, wenn man sich in den Ferien nicht erholen kann.	_____
sich erholen, erholte s., hat s. erholt		_____
damit		_____
um ... zu ...		_____
nutzen, nutzte, hat genutzt	Ich nutze die Ferien, um mich zu erholen.	_____
die **Berufschance**, -n	Lena lernt viel, damit ihre Berufschancen später gut sind.	_____
Meiner Meinung nach ...	Meiner Meinung nach ist es wichtig, vor der Prüfung viel zu üben.	_____
der **Vorteil**, -e	Ein Vorteil ist, wenn man mehr lernt.	_____
der **Nachteil**, -e	Ein Nachteil ist, dass man dann weniger Freizeit hat.	_____
pro und contra	Es gibt viele Meinungen pro und contra Smartphones im Unterricht.	_____
erlauben, erlaubte, hat erlaubt	Sollte man Smartphones im Unterricht erlauben oder verbieten?	_____
Ich bedanke mich für die Aufmerksamkeit.		_____

UMWELT BRAUCHT SCHUTZ

der **Schutz** — Der Schutz der Umwelt ist wichtig. _____

verschwenden, verschwendete, hat verschwendet — Es ist nicht gut für die Umwelt, viel Energie zu verschwenden. _____

trennen, trennte, hat getrennt — In Deutschland trennt man den Müll. _____

das **Lebensmittel**, - — Die Supermärkte werfen viele Lebensmittel in den Müll. _____

verschmutzen, verschmutzte, hat verschmutzt — Verschmutzt den Wald nicht mit eurem Müll. _____

das **Klima**, -s — Helft alle mit, unser Klima zu schützen. _____

Tage der Natur

überleben, überlebte, hat überlebt — Der Mensch kann ohne Wasser nur drei bis vier Tage überleben. _____

die **Bedeutung**, -en — Das Wasser hat eine große Bedeutung für das Leben auf der Erde. _____

einführen, führte ein, hat eingeführt — Deshalb hat man den Weltwassertag eingeführt. _____

die **Zukunft** — Saubere Ozeane sind wichtig für die Zukunft der Erde. _____

der **Planet**, -en — Die Erde ist ein Planet. _____

der / das / die gesamte — Die Ozeane speichern ein Drittel des gesamten Kohlendioxids. _____

das **Drittel**, - _____

global   Die Erwärmung des Klimas ist   _____
ein globales Problem.

die **Erwärmung**, -en _____

aufmerksam machen auf + A,   Der Weltwassertag macht auf   _____
machte, hat gemacht   die Bedeutung des Wassers
aufmerksam.

künstlich   Künstliches Licht ist eine   _____
praktische Erfindung des
Menschen.

die **Selbstverständlichkeit**, -en   Elektrisches Licht gibt es in   _____
jedem Haus, das ist für uns
eine Selbstverständlichkeit.

wertvoll   Wasser ist wertvoll, wir dürfen   _____
es nicht verschwenden.

ausdenken, dachte aus,   Die „Stunde der Erde" hat   _____
hat ausgedacht   sich die Organisation WWF
ausgedacht.

die **Organisation**, -en _____

der **Strom**   Das künstliche Licht funktio-   _____
niert mit Strom.

die **Quelle**, -n   Andere Lichtquellen sind   _____
Kerzen und die Sonne.

die **Küste**, -n   Die Küste grenzt an das Meer.   _____

die **Reinigung**, -en   Wir sammeln Müll für die   _____
Reinigung unserer Küsten.

die **Zerstörung**, -en	Große Probleme sind die Zerstörung der Wälder,	_____
die **Verschwendung**, -en	die Verschwendung des Wassers	_____
die **Verschmutzung**, -en	und die Verschmutzung der Ozeane.	_____
die **Wiederverwertung**, -en	Die Wiederverwertung von Müll ist gut für die Umwelt.	_____

Umweltdetektive

der **Detektiv**, -e	Der Detektiv sucht Spuren.	_____
die **Spur**, -en		_____
der **Mülleimer**, -	Werft den Müll in den Mülleimer.	_____
Die Fenster sind zu.	Die Fenster sind geschlossen.	_____
besprechen, besprach, hat besprochen	Wenn es ein Problem gibt, besprechen wir es.	_____
die **Mülltrennung**		_____

Biomüll   Papier   Restmüll

die **Müllvermeidung**	Es ist gut, Müll zu trennen, aber noch besser ist die Müllvermeidung.	_____

der **Biomüll**
Die Bananenschale kommt
in den Biomüll.

der **Restmüll**
Die Zeitung kommt nicht in
den Restmüll, sondern in die
Papiertonne.

die **Tonne**, -n

der **Künstler**, -
die **Künstlerin**, -nen
Der Künstler macht Kunst aus
Müll.

der **Aktivist**, -en
die **Aktivistin**, -nen
Umweltaktivisten kämpfen
für den Schutz der Erde.

giftig
Giftige Stoffe dürfen nicht ins
Trinkwasser kommen.

produzieren, produzierte,
hat produziert
Wir produzieren zu viel Müll.

verwenden, verwendete,
hat verwendet
Ich verwende statt Alufolie
eine Brotdose.

statt
Statt Plastikflaschen verwende
ich Glasflaschen.

wegen
Wegen der giftigen Materialien
gehören alte Handys nicht in
den Müll.

während
Während des Unterrichts darf
man keine Handys benutzen.

benutzen, benutzte, hat benutzt

die **Tüte**, -n
Benutzt keine Plastiktüten
beim Einkaufen.

die **Kosten** (Pl.)
Man spart Kosten, wenn man
die Heizung nicht voll aufdreht.

aufdrehen, drehte auf,
hat aufgedreht

die **Heizung**, -en _____

heizen, heizte, hat geheizt — Wenn es draußen kalt ist, muss man heizen. _____

umweltfreundlich — Glasflaschen sind umweltfreundlicher als Plastikflaschen. _____

wiederverwendbar — Glasflaschen sind wiederverwendbar. _____

zurückbringen, brachte zurück, hat zurückgebracht — Leere Glasflaschen kann man in den Supermarkt zurückbringen. _____

die **Verpackung**, -en — Kauft Obst und Gemüse ohne Verpackung. _____

spucken, spuckte, hat gespuckt — Spuckt eure Kaugummis nicht auf den Schulhof. _____

brennen, brannte, hat gebrannt — Lasst das Licht nicht im Zimmer brennen, wenn ihr geht. _____

die **Wiese**, -n — Lasst nach einem Picknick euren Müll nicht auf der Wiese liegen. _____

pflücken, pflückte, hat gepflückt — Um die Natur zu respektieren, sollte man im Wald keine Blumen pflücken. _____

respektieren, respektierte, hat respektiert _____

Aus einem Roman

der **Roman**, -e — Ich lese den Roman „Als die Tiere den Wald verließen". _____

verlassen, verließ, hat verlassen — Die Tiere verlassen den Wald. _____

besorgt — Wir sind besorgt über die Zerstörung des Waldes. _____

beginnen, begann, hat begonnen	Am Morgen beginnt ein neuer Tag.	_____
trocken	Die Luft ist heiß und trocken.	_____
gemütlich	Mein Zimmer ist sehr gemütlich.	_____
der **Teich**, -e	Ein Teich ist kleiner als ein See.	_____
zuschütten, schüttete zu, hat zugeschüttet	Wenn die Menschen den Teich zuschütten, haben die Tiere kein Trinkwasser.	_____
bloß	Was machen sie bloß?	_____
einen Baum fällen, fällte, hat gefällt	Wegen der neuen Autobahn hat man viele Bäume gefällt.	_____
der **Bach**, ⁻e	Ein Bach ist kleiner als ein Fluss.	_____
austrocknen, trocknete aus, ist ausgetrocknet	Wenn es sehr warm wird, trocknet der Bach aus.	_____
eine Versammlung abhalten, hielt ab, hat abgehalten	Wir halten eine Versammlung ab, um über das Problem zu sprechen.	_____
jeder	Jeder nimmt an der Versammlung teil.	_____
keiner	Keiner bleibt zu Hause.	_____
die **Lage**, -n	Die Lage ist sehr gefährlich.	_____
der **Gedanke**, -n	Wir sammeln alle Gedanken zu dem Thema.	_____
der **Vorschlag**, ⁻e	Hast du einen Vorschlag, wie wir das Problem lösen können?	_____
das **Naturschutzgebiet**, -e	Der Wald ist ein Naturschutzgebiet.	_____
auswandern, wanderte aus, ist ausgewandert	Die Tiere suchen einen neuen Lebensraum und wandern aus.	_____

der **Berufswunsch**, ⸚e Mein Berufswunsch? Ich möchte _____
später Tierärztin werden.

der **Erzieher**, - Als Erzieherin arbeitet man im _____
die **Erzieherin**, -nen Kindergarten.

der **Mediengestalter**, - Der Beruf des Mediengestalters _____
die **Mediengestalterin**, -nen ist sehr kreativ.

der **Designer**, - Als Designer entwirft man neue _____
die **Designerin**, -nen Gegenstände.

der **Flugbegleiter**, - Flugbegleiterinnen arbeiten an _____
die **Flugbegleiterin**, -nen Bord eines Flugzeugs.

der **Anwalt**, ⸚e Um Anwalt oder Jurist zu _____
die **Anwältin**, -nen werden, muss man Jura
studieren.

der **Jurist**, -en _____
die **Juristin**, -nen

der **Bürokaufmann**, ⸚er Eine Bürokauffrau ist meistens _____
die **Bürokauffrau**, -en Angestellte bei einer Firma.

der / die **Angestellte**, -n _____

der **Kfz-Mechatroniker**, - Der Kfz-Mechatroniker repariert _____
die **Kfz-Mechatronikerin**, -nen Autos.

der **Informatiker**, - Der Informatiker programmiert _____
die **Informatikerin**, -nen Computer.

der **Journalist**, -en Der Journalist schreibt Artikel _____
die **Journalistin**, -nen für die Zeitung.

der **Soldat**, -en Der Beruf eines Soldaten ist _____
die **Soldatin**, -nen sehr gefährlich.

| der **Bạnkkaufmann**, ⸚er <br> die **Bạnkkauffrau**, -en | Der Bankkaufmann hilft den Kunden in der Bank. | _____ |

Ein Tag als . . .

der **Berẹich**, -e	Ich kann mir vorstellen, später im Bereich Medien zu arbeiten.	_____
sich vọrstellen, stellte s. vọr, ✗ hat s. vọrgestellt		_____
der **Frisö̈r**, -e die **Frisö̈rin**, -nen	Aufgaben einer Frisörin sind Haare waschen, kämmen, färben und schneiden.	_____
✗ **kạ̈mmen**, kạ̈mmte, hat gekạ̈mmt		_____
✗ das **Prạktikum**, Prạktika	Lukas hat ein Praktikum für die Schule absolviert.	*las Practicay*
✗ **absolvieren**, absolvierte, hat absolviert		_____
der **Praktikạnt**, -en die **Praktikạntin**, -nen	Er hat als Praktikant in einem Architekturbüro gearbeitet.	_____
das **Büro**, -s		_____
der **Assistẹnt**, -en die **Assistẹntin**, -nen	Die Assistentin unterstützt die Arbeit der anderen.	_____
übernẹhmen, übernạhm, hat übernọmmen	Sie übernimmt die Aufgabe, Papiere zu kopieren und zu ordnen.	_____
ọrdnen, ọrdnete, hat geọrdnet		_____
der **Architẹkt**, -en die **Architẹktin**, -nen	Ein Architekt entwirft Häuser und überprüft die Arbeit auf der Baustelle.	_____
die **Baustelle**, -n		_____

begleiten, begleitete, hat begleitet	Der Praktikant darf den Architekten auf die Baustelle begleiten.	_____
der **Handwerker**, -	Auf der Baustelle arbeiten viele Handwerker.	_____
der **Dachdecker**, -	Der Dachdecker arbeitet auf dem Dach des Hauses.	_____
die **Tätigkeit**, -en	Der Architekt kennt alle Tätigkeiten auf der Baustelle.	_____
um Rat fragen, fragte, hat gefragt	Wenn man etwas nicht weiß, kann man den Lehrer um Rat fragen.	_____
der **Rat**	Er hat immer einen guten Rat.	_____
kreativ	Du hast viele Ideen. Du bist kreativ.	_____
der **Termin**, -e	Ich habe morgen einen Termin beim Arzt.	_____
die **Arbeitszeit**, -en	Die Arbeitszeit pro Woche beträgt 40 Stunden.	_____
der **Arbeitsplatz**, -̈e	Mein Arbeitsplatz ist zu Hause an meinem Schreibtisch.	_____
der **Fotograf**, -en die **Fotografin**, -nen	Der Fotograf arbeitet mit einer Kamera und ist kreativ.	_____
der **Fotoreporter**, - die **Fotoreporterin**, -nen	Als Fotoreporter ist man viel unterwegs.	_____
der **Astronaut**, -en die **Astronautin**, -nen	Als Astronaut darf man keine Angst haben, unseren Planeten zu verlassen.	_____
abwechslungsreich	Die Aufgaben sind jeden Tag anders, sie sind sehr abwechslungsreich.	_____

verantwortungsvoll

Ein Arzt hat einen verantwortungsvollen Beruf.

_____

hilfsbereit

Ein Polizist ist immer hilfsbereit.

_____

zu tun haben,
hatte, hat gehabt

In meinem Job möchte ich später mit Menschen zu tun haben.

_____

Was möchtest du später beruflich machen?

_____

Wenn ich ... wäre

die **Ausbildung**, -en

Ein Koch muss eine dreijährige Ausbildung machen.

_____

benötigen, benötigte, hat benötigt

Der Informatiker benötigt gute Computerkenntnisse.

_____

die **Kenntnisse** (Pl.)

_____

die **Kreativität**

Für einen Designer sind Kreativität und Fantasie wichtig.

_____

die **Fantasie**

_____

die **Geduld**

Eine Erzieherin muss mit den Kindern viel Geduld haben.

_____

der **Goldschmied**, -e
die **Goldschmiedin**, -nen

Der Goldschmied stellt Schmuck her.

_____

die **Lehre**, -n

Für den Beruf eines Goldschmieds muss man eine Lehre machen.

_____

die **Eigenschaft**, -en	Geduld und Kreativität sind wichtige Eigenschaften eines Goldschmieds.	_____
die **Konzentration**	Bei der Arbeit ist Konzentration wichtig.	_____
das **Metall**, -e	Ein Ring oder eine Kette sind aus Metall.	_____
die **Firma**, Firmen	Bei welcher Firma möchtest du arbeiten?	_____
die **Gesellschaft**, -en	Ich möchte später Probleme unserer Gesellschaft lösen.	_____
selbstständig	Diese Aufgabe muss jeder selbstständig lösen.	_____
das **Model**, -s	Wer sehr gut aussieht, kann Model werden.	_____

Leben in 100 Jahren

sich ernähren, ernährte s., hat s. ernährt	Was isst du? Ernährst du dich gesund?	_____
enthalten, enthält, hat enthalten	Sind im Apfel viele Vitamine enthalten?	_____
senkrecht	Bäume wachsen senkrecht in die Höhe.	_____
das **Dach**, ⸚er	Der Dachdecker arbeitet auf dem Dach.	_____
die **Hitze**	Das ist eine Hitze, es sind über 30 Grad!	_____
die **Kälte**	Das ist eine Kälte, es sind Minus 5 Grad!	_____
der **Chip**, -s	In jedem Computer ist ein Chip.	_____

das **All**	Die Astronauten fliegen in das All.	_____
die **Fernbedienung**, -en	Den Fernseher kann man mit der Fernbedienung einschalten.	_____
einsetzen, setzte ein, hat eingesetzt	Viele Firmen setzen bei der Arbeit Roboter ein.	_____
handeln, handelte, hat gehandelt	Bei einer Gefahr muss die Polizei schnell handeln.	_____
der **Magnet**, -e		_____
der **Widerstand**, -̈e	Stromlinienförmige Autos haben einen kleineren Widerstand und fahren schneller.	_____
gleiten, glitt, ist geglitten	Der Eiskunstläufer gleitet über das Eis.	_____
die **Krankheit**, -en	Die Forscher versuchen, Krankheiten zu bekämpfen.	_____
bekämpfen, bekämpfte, hat bekämpft		_____
aussterben, starb aus, ist ausgestorben	Viele Tiere werden in der Zukunft aussterben.	_____
erwachsen	Wenn ich erwachsen bin, werde ich in das Weltall fliegen.	_____
Meinst du wirklich?		_____
Das ist unmöglich.		_____
Das kann ich mir nicht vorstellen.		_____
Das kann nicht sein.		_____

die **Medien** (Pl.)	Film, Zeitung, Internet und Radio sind Medien.	_____
das **Interview**, -s	Hallo, ich mache ein Interview für die Schülerzeitung …	_____

die **Szene**, -n	Ihr könnt die Szene mit dem Handy filmen.	_____
der **Artikel**, -	Der Artikel in der Zeitung ist sehr interessant.	_____
das **Drehbuch**, ⸚er	Für einen Film muss man zuerst ein Drehbuch schreiben.	_____

So wird ein Trickfilm gemacht

der **Trickfilm**, -e	Wie viele Bilder braucht man pro Minute für einen Trickfilm? Schätz mal!	_____
schätzen, schätzte, hat geschätzt		_____
das **Konzept**, -e	Aus einer Idee wird ein Konzept entwickelt.	_____
der **Zeichner**, - die **Zeichnerin,** -nen	Der Zeichner zeichnet die Figuren.	_____
ersetzen, ersetzte, hat ersetzt	Kein Computer kann den Zeichner ersetzen.	_____
die **Zeichnung**, -en		_____
skizzenhaft	Die Zeichnung ist noch sehr skizzenhaft.	_____

einzelne	Das Storyboard besteht aus vielen einzelnen Skizzen.	_____
die **Skizze**, -n		_____
skizzieren, skizzierte, hat skizziert	Der Zeichner skizziert alle Zeichnungen für eine Bewegung.	_____
gleichzeitig	Die Figuren müssen sich gleichzeitig bewegen und sprechen.	_____
festlegen, legte fest, hat festgelegt	Die Filmemacher legen den Charakter der Figuren fest.	_____
der **Hintergrund**, ¨e	Am Hintergrund der Szene sieht man, wo sie spielt.	_____
die **Fachleute** (Pl.)	Am Film arbeiten viele verschiedene Fachleute.	_____
der **Regisseur**, -e die **Regisseurin**, -nen	Der Regisseur leitet die Dreharbeiten.	_____
der **Dialog**, -e	Die Dialoge werden mit Schauspielern aufgenommen.	_____
das **Studio**, -s	Die Aufnahmen finden im Tonstudio statt.	_____
die **Aufnahme**, -n		_____
statisch	Die Bilder sind zuerst statisch, sie bewegen sich nicht.	_____
der **Prozess**, -e	Es ist ein langer Prozess, einen Trickfilm zu machen.	_____
das **Computerprogramm**, -e	Mit einem Computerprogramm werden alle Elemente zusammengesetzt.	_____

das **Element**, -e _____

verschieben, verschob, Am Computer kann man alle _____
hat verschoben Bilder verschieben, bis alles
passt.

flüssig Die Bewegungen müssen _____
flüssig aussehen.

das **Detail**, -s Zu einer Figur werden alle _____
Details festgelegt, dann können
viele Zeichner parallel arbeiten.

parallel _____

sich halten an + A, hielt s., Alle Zeichner müssen sich an _____
hat s. gehalten das Muster halten.

vorliegen, lag vor, Wenn alle Zeichnungen _____
hat vorgelegen vorliegen, werden sie
zusammengefügt.

zusammenfügen, _____
fügte zusammen,
hat zusammengefügt

der **Effekt**, -e Der Film wird mit Spezial- _____
effekten versehen.

versehen mit + D, _____
versah, hat versehen

aufwändig Ein Trickfilm ist viel Arbeit, _____
er ist sehr aufwändig.

die **Premiere**, -n Bei der Premiere wird der _____
Film zum ersten Mal gezeigt.

der **Kritiker**, - Die Kritiker schreiben einen _____
die **Kritikerin**, -nen Artikel über den Film.

interviewen, interviewte, Journalisten interviewen _____
hat interviewt den Regisseur.

das **Material**, -ien Der Lehrer stellt Material für _____
ein Plakat bereit.

Eine Schülerzeitung entsteht

die **Kommunikation** Die Kommunikation über digitale _____
Medien wird immer wichtiger.

die **Ụmfrage**, -n Bei einer Umfrage stellt man _____
vielen Leuten viele Fragen.

der **Ụmschlag**, ⸚e Auf dem Buchumschlag steht _____
der Name des Autors.

gestạlten, gestạltete, Wer hat den Umschlag der _____
hat gestạltet Schülerzeitung gestaltet?

KUNTERBUNT
SCHÜLERZEITUNG
DES GOETHE-GYMNASIUMS

das **Ịnhaltsverzeichnis**, -se Im Inhaltsverzeichnis kann man _____
nach einem Artikel suchen.

die **Ausgabe**, -n Jeden Monat gibt es eine neue _____
Ausgabe der Schülerzeitung.

unverzịchtbar Kannst du auch ohne _____
Smartphone leben oder ist es
für dich unverzichtbar?

der **Preis**, -e Bei dem Quiz kann man tolle _____
Preise gewinnen.

die **Redaktiọn**, -en Die Zeitung entsteht in der _____
Redaktion.

die **SMS**, - Eine SMS ist eine Kurznachricht, _____
die man am Handy schreibt.

v. Chr. / n. Chr. vor Christus / nach Christus _____

das **Zeichen**, - Das Morsesystem besteht aus _____
Morsezeichen.

mithilfe von + D | Nachrichten wurden früher mithilfe von Brieftauben verschickt. | _____

seitdem | Seitdem ich ein Handy habe, schreibe ich keine E-Mails mehr. | _____

weltweit | Über das Internet sind weltweit alle Menschen verbunden. | _____

das **soziale Netzwerk**, die sozialen Netzwerke | Facebook ist ein soziales Netzwerk. | _____

die **Milliarde**, -n | Facebook hat 2 Milliarden Mitglieder. | _____

veröffentlichen, veröffentlichte, hat veröffentlicht | Auf Facebook kann man Kommentare und Fotos veröffentlichen. | _____

Medienwerkstatt

der **Clip**, -s | Ein Clip ist ein kurzes Video. | _____

abspeichern, speicherte ab, hat abgespeichert | Du musst deine Dateien am Computer immer gut abspeichern. | _____

die **Bewerbung**, -en | Schickt eure Bewerbungen für den Wettbewerb per E-Mail. | _____

die **Erinnerung**, -en | Melanie hat schöne Erinnerungen an ihre Schulzeit. | _____

die **Empfehlung**, -en | Ich möchte einen guten Film sehen. Hast du eine Empfehlung für mich? | _____

die **Umgebung**, -en | | _____

übertragen, übertrug, hat übertragen	Ich übertrage das Video vom Handy auf den Computer.	_____
bearbeiten, bearbeitete, hat bearbeitet	Das Filmmaterial bearbeite ich am Computer.	_____
quer	Mit dem Handy ist es besser, das Video im Querformat zu drehen.	_____
filmen, filmte, hat gefilmt	Das Video habe ich mit dem Handy gefilmt.	_____
das **Geräusch**, -e	Am Ende füge ich dem Video noch Geräusche der Umgebung hinzu.	_____
hinzufügen, fügte hinzu, hat hinzugefügt		_____
behalten, behielt, hat behalten	Wenn du auf dem Schulhof ein Handy findest, kannst du es nicht behalten.	_____
der **Aushang**, ⸚e	Man kann einen Aushang machen und fragen, wem das Handy gehört.	_____
das **Fundbüro**, -s	Man kann das Handy zum Fundbüro bringen.	_____
Ich würde das Gleiche machen.		_____
Das würde ich nie machen.		_____
Ich finde es unmöglich, …		_____
zusammenbinden, band zusammen, hat zusammengebunden	Für ein Handystativ werden drei Stifte zusammengebunden.	_____
befestigen, befestigte, hat befestigt	Die Stifte werden mit einem Gummiband befestigt.	_____

Erste Hilfe leisten, leistete, hat geleistet — Die Schulsanitäter leisten in der Schule Erste Hilfe. _____

die **Feuerwehr**, -en — Die Feuerwehr löscht das Feuer. _____

der **Wasserschlauch**, ⸚e — Am Feuerwehrauto sind lange Wasserschläuche. _____

das **Tierheim**, -e — Im Tierheim leben Tiere, die kein Zuhause haben. _____

Gassi gehen, ging, ist gegangen — Mit einem Hund muss man jeden Tag Gassi gehen. _____

Ich engagiere mich

sich engagieren, engagierte s., hat s. engagiert — Viele engagieren sich in ihrer Freizeit für die Umwelt. _____

irgendwo — Ich möchte mich irgendwo engagieren, aber ich weiß nicht wo. _____

ein schlechtes Gewissen haben, hatte, hat gehabt — Ich habe ein schlechtes Gewissen, wenn ich nicht helfe. _____

Das ist nichts für mich. — Die Feuerwehr ist zu gefährlich, das ist nichts für mich. _____

das **Mitglied**, -er — Die freiwillige Feuerwehr hat viele Mitglieder. _____

die **Einnahmen** (Pl.) — Die Klasse spendet die Einnahmen des Flohmarktes für einen guten Zweck. _____

sozial — Machst du bei einem sozialen Projekt mit? _____

schwạch	Die Stadt unterstützt sozial schwache Familien.	_____
sich unterhạlten mit + D, unterhielt s., hat s. unterhạlten	Der Mathelehrer möchte sich mit meinen Eltern unterhalten.	_____
sich einsetzen für + A, setzte s. ein, hat s. eingesetzt	Die Organisation setzt sich für den Schutz der Umwelt ein.	_____
ausbilden, bildete aus, hat ausgebildet	Die Schule bildet Schulsanitäter aus.	_____
das **Trẹffen**, -	Das Treffen der Sanitäter findet einmal wöchentlich statt.	_____
sich beschạ̈ftigen mit + D, beschạ̈ftigte s., hat s. beschạ̈ftigt	In meiner Freizeit beschäftige ich mich viel mit Fußball.	_____
sich auskennen, kannte s. aus, hat s. ausgekannt	Wir kennen uns in der Stadt gut aus.	_____
das **Rẹcht**, -e	Alle Kinder sollten das Recht haben, zur Schule zu gehen.	_____
die **Unterstụ̈tzung**, -en	Die jüngeren Schüler bekommen in der Hausaufgabenbetreuung Unterstützung.	_____
das **Ergẹbnis**, -se	Wir haben beim Wettkampf ein sehr gutes Ergebnis erreicht.	_____

Zusammen sind wir stark

der **Rassịsmus**	Die Schule ist für Toleranz und gegen Rassismus.	_____
demonstrieren für / gegen + A, demonstrierte, hat demonstriert	Die Menschen demonstrieren für den Klimaschutz.	_____
die **Demonstratiọn**, -en	Viele Menschen nehmen an der Demonstration teil.	_____

die Schule schwänzen, schwänzte, hat geschwänzt	Niemand darf die Schule schwänzen, alle müssen zum Unterricht kommen.	_____
die **Unterschrift**, -en	Auf dem Zeugnis steht die Unterschrift der Eltern.	_____
überweisen, überwies, hat überwiesen	Wir überweisen das Geld auf ein Konto bei der Bank.	_____
das **Konto**, Konten		_____
gehörlos	Die Schüler wollen eine Schule für gehörlose Kinder unterstützen.	_____
abreißen, riss ab, hat abgerissen	Das Haus ist alt, es wird abgerissen.	_____

Mach mit!

veranstalten, veranstaltete, hat veranstaltet	Die Organisation veranstaltet einmal im Jahr ein Treffen.	_____
die **Berufserfahrung**, -en	Bei einem Praktikum kann man Berufserfahrungen sammeln.	_____
circa (ca.)	Am Projekt nehmen circa 1000 Schüler und Schülerinnen teil.	_____
die **Glühlampe**, -n	Die Lampe brennt nicht, man muss die Glühlampe wechseln.	_____
reparieren, reparierte, hat repariert	Die Lampe funktioniert wieder, ich habe sie repariert.	_____
der **Bundespräsident**, -en die **Bundespräsidentin**, -nen	Der deutsche Bundespräsident wohnt im Schloss Bellevue.	_____
die **Arbeitsvereinbarung**, -en	In der Arbeitsvereinbarung steht, wie viel Lohn man bekommt.	_____
der **Lohn**, ⸚e		_____

abgeben, gab ab, hat abgegeben | Bei wem muss man die Arbeitsvereinbarung abgeben? | _____

offiziell | Für die Aktion sind die Schüler offiziell für den Unterricht entschuldigt. | _____

(das) **Geschirr spülen**, spülte, hat gespült | Ich werde in der Schulküche helfen und Geschirr spülen. | _____

(das) **Unkraut jäten**, jätete, hat gejätet | Im Garten muss man immer viel Unkraut jäten. | _____

betreuen, betreute, hat betreut | Die Erzieherin betreut die Kinder im Kindergarten. | _____

füllen, füllte, hat gefüllt | Im Supermarkt werden jeden Tag die Regale gefüllt. | _____

der **Supermarkt**, ⸚e | Wir kaufen im Supermarkt ein. | _____

(den) **Rasen mähen**, mähte, hat gemäht | | _____

den Stall ausmisten, mistete aus, hat ausgemistet | Auf dem Bauernhof muss man jeden Tag den Stall ausmisten. | _____

Sehr geehrte Damen und Herren,

…

…

Ich danke Ihnen im Voraus.

Mit freundlichen Grüßen

_____

_____

_____

---

tauschen, tauschte, hat getauscht | Bei einer Tauschbörse kann man zum Beispiel Kleider tauschen. | _____

begleiten, begleitete, hat begleitet	Ich fühle mich schlecht. Kannst du mich zum Arzt begleiten?	_____
die **Hauptsache**, -n	Die Hauptsache ist, dass dir die Arbeit im Tierheim gefällt.	_____
die **Freude**, -n	Ich habe Freude daran, anderen zu helfen.	_____
der **Fakt**, -en	Die Fakten kann man durch Zahlen beweisen.	_____
der **Grund**, ⸚e	Der Grund für die vielen Vereine ist vermutlich, dass jeder irgendwo dazugehören will.	_____
vermutlich		_____

Redemittel für die Präsentation

In meiner Präsentation geht es um das Thema … _____

Zuerst spreche ich über … _____

Danach beschreibe ich … _____

Zum Schluss präsentiere ich … _____

Als Erstes möchte ich … _____

Ich komme jetzt zu der Frage, … _____

Ich habe die Erfahrung gemacht, dass … _____

Ich möchte darauf hinweisen, dass … _____

Positiv / Negativ ist … _____

In meinem Heimatland … / Bei uns in … _____

Das finde ich gut / nicht gut, weil … _____

Meiner Meinung nach … _____

Ein Vorteil / Nachteil von … ist, dass … _____

Für / Gegen … spricht auch, dass … _____

Zusammenfassend … _____

Abschließend … _____

Ich bedanke mich für die Aufmerksamkeit. _____

Wenn es Fragen gibt, beantworte ich sie gern. _____

Vielen Dank. _____

entlang	Im Sommer möchte ich mit dem Rad den Fluss entlang fahren.	_____
die Länge, -n	Die Länge der Radtour beträgt 300 km.	_____
fließen, floss, ist geflossen	Der Fluss fließt durch mehrere Länder.	_____

Aus der Geschichte des Rheins

das Hochwasser, -	Wenn es sehr viel regnet, kann es Hochwasser geben.	_____
ermöglichen, ermöglichte, hat ermöglicht	Die Schiffe ermöglichen den Transport auf dem Wasser.	_____
verschwinden, verschwand, ist verschwunden	Der Fisch ist im Wasser verschwunden.	_____
der Anruf, -e	Die Polizei bekam einen Anruf.	_____
der Schiffer, -	Zwei Schiffer meldeten, dass sie einen Wal im Fluss gesehen haben.	_____
melden, meldete, hat gemeldet		_____
merkwürdig	Ein Wal mitten in einem Fluss? Das ist merkwürdig.	_____
mitten in + A/D		_____
nachdem	Nachdem sie den Wal gesehen hatten, sprachen die Menschen tagelang darüber.	_____
bevor	Bevor Menschen dem Wal helfen konnten, verschwand er wieder im Meer.	_____

sich verirren, verirrte s., hat s. verirrt	Der Wal hat sich vom Meer in den Fluss verirrt.	_____
der **Politiker**, - die **Politikerin**, -nen	Der Politiker gibt der Presse ein Interview.	_____
die **Presse**		_____
der **Umweltschützer**, - die **Umweltschützerin**, -nen	Die Umweltschützer versuchen, Tiere zu retten.	_____
zerstören, zerstörte, hat zerstört	Ein Hochwasser kann ein ganzes Dorf zerstören.	_____
nahe	Nahe Köln gab es ein Hochwasser.	_____
die **Tiefe**, -n	Die Tiefe des Rheins liegt bei 4 Metern.	_____
gelangen, gelangte, ist gelangt	Giftige Stoffe dürfen nicht in den Fluss gelangen.	_____
die **Tonne**, -n (t)	Das Schiff transportiert 20 Tonnen giftige Chemikalien.	_____
die **Chemikalie**, -n		_____
durchführen, führte durch, hat durchgeführt	Ein Ingenieur führte die Begradigung des Flusses durch.	_____
entfernen, entfernte, hat entfernt	Viele Inseln wurden bei der Begradigung entfernt.	_____
die **Breite**, -n	Die Breite des Rheins verkürzte man, damit mehr Schiffe fahren können.	_____
verkürzen, verkürzte, hat verkürzt		_____
die **Besichtigung**, -en	Die Touristen machen eine Stadtbesichtigung in Köln.	_____

die **Rückfahrt**, -en | Die Rückfahrt nach Bonn ist um 19 Uhr. | _____

die **Jugendherberge**, -n | Wir buchen ein Zimmer in einer Jugendherberge. | _____

buchen, buchte, hat gebucht | | _____

einsteigen in + A, stieg ein, ist eingestiegen | Steig ein, der Zug fährt gleich los. | _____

Eine Reise planen

der **Urlaub**, -e | Im Sommer mache ich 2 Wochen Urlaub mit meiner Familie. | _____

die **Übernachtung**, -en | Hast du einen Tipp für die Übernachtung auf der Reise? | _____

übernachten, übernachtete, hat übernachtet | Übernachtet ihr im Hotel oder in einer Ferienwohnung? | _____

die **Ferienwohnung**, -en | | _____

entfernt | Die Ferienwohnung liegt nicht weit von der Stadt entfernt. | _____

riechen, roch, hat gerochen | Heu riecht gut. | _____

die **Treppe**, -n | Das Baumhaus erreicht man über Treppen und Hängebrücken. | _____

die **Höhe**, -n | Es ist in einer Höhe von 7 Metern. | _____

zelten, zeltete, hat gezeltet	Ich möchte auf einem Campingplatz zelten.	_____
die **Tour**, -en	Ich möchte eine Radtour machen.	_____
der **Bungalow**, -s	Zelten wir oder schlafen wir in einem Bungalow auf dem Campingplatz?	_____
der **Campingplatz**, ⸚e		_____
der **Blick**, -e	Vom Campingplatz aus hat man einen guten Blick aufs Meer.	_____
vorige, voriges, voriger	Voriges Jahr sind wir ans Meer gefahren.	_____
entweder ... oder ...	Wir gehen entweder ins Museum oder wir besichtigen den Dom.	_____
nicht nur ..., sondern auch ...	Wir können nicht nur eine Radtour machen, sondern auch mit dem Schiff fahren.	_____
weder ... noch ...	Ich möchte weder im Zelt schlafen noch im Baumhaus übernachten.	_____
zwar ..., aber ...	Übernachten in einem Baumhaus ist zwar romantisch, aber ich habe Angst.	_____
romantisch		_____
Was hältst du davon?		_____
Einverstanden.		_____
verreisen, verreiste, ist verreist	Wohin verreist du im Sommer?	_____

Alte Sagen vom Rhein

hinüberbringen, brachte hinüber, hat hinübergebracht

Der Fährmann bringt die Leute mit dem Boot auf das andere Ufer hinüber.

_____

zurückkehren, kehrte zurück, ist zurückgekehrt

Alle waren am Abend nach Hause zurückgekehrt.

_____

sich wundern, wunderte s., hat s. gewundert

Der Mann wunderte sich über das Mädchen.

_____

beinah

Als das Mädchen in das Boot stieg, kenterte es beinah.

_____

rudern, ruderte, ist gerudert

Der Mann ruderte das Boot auf die andere Seite.

_____

reichen, reichte, hat gereicht

Das Mädchen reichte dem Mann seinen Lohn.

_____

unheimlich

Dem Mann war die Situation unheimlich, er fürchtete sich.

_____

sich fürchten, fürchtete s., hat s. gefürchtet

rutschen, rutschte, ist gerutscht | Das Gold rutschte ins Wasser und versank im Fluss. | _____

versinken, versank, ist versunken | | _____

schimpfen, schimpfte, hat geschimpft | Als der Mann ohne Lohn nach Hause kam, schimpfte seine Frau. | _____

einschlafen, schlief ein, ist eingeschlafen | Die Geschichte ist unheimlich, jetzt kann ich nicht einschlafen. | _____

wunderbar | Die Loreley war eine schöne Frau, die wunderbar sang. | _____

das **Gewitter**, - | Beim Gewitter regnete es stark. | _____

die **Pfütze**, -n | Ich fiel in eine Pfütze. | _____

das **Pech** | So ein Pech! | _____

das **Zusạmmenleben**	Das Zusammenleben mit anderen ist nicht immer einfach, manchmal gibt es Streit.	_____
verwạndt	Die zwei Personen sehen sich sehr ähnlich, sie sind bestimmt verwandt.	_____

die **Clịque**, -n	Ich habe eine Clique mit meinen besten Freunden aus der Klasse.	_____
verstạ̈ndnisvoll	Meine Eltern machen keinen Stress, sie sind sehr verständnisvoll.	_____

Ähnlich oder ganz anders?

ạnders	Bist du ähnlich wie dein Bruder oder ganz anders?	_____
fantasi̲evoll	Er zeichnet sehr viel, er ist fantasievoll und kreativ.	_____

akti̲v	Felix unternimmt viel, er ist immer aktiv.	_____
unternẹhmungslustig	Seid ihr faul oder unternehmungslustig?	_____

vielseitig	Leo hat viele Hobbys, er ist vielseitig.	_____
ernst	Mein Freund macht viele Witze. Er kann aber auch ernst sein.	_____
der **Unterschied**, -e	Gibt es mehr Unterschiede oder mehr Ähnlichkeiten zwischen dir und deinen Geschwistern?	_____
die **Haarfarbe**, -n	Welche Haarfarbe hat deine Schwester?	_____
lässig	Ich mag lässige Kleidung.	_____
bequem	Eine Jogginghose ist bequem.	_____
sympathisch	Findest du die neue Mit-schülerin sympathisch?	_____
das **Lächeln**	Sie ist fröhlich, sie hat ein nettes Lächeln.	_____
tragen, trug, hat getragen	Ich trage oft Jeans.	_____
eng	Die Hose ist nicht so bequem, sie ist sehr eng.	_____
Die Farbe steht dir.		_____
wirken, wirkte, hat gewirkt	Sein Outfit wirkt lässig.	_____

die **Kapuzenjacke**, -n	Er trägt eine graue Kapuzenjacke.	_____
das **Outfit**, -s	Ihm gefällt ein sportliches Outfit.	_____

elegant	Ein Anzug ist immer elegant.	_____
der **Anzug**, ⸚e		_____
die **Frisur**, -en	Deine Haare sind zu lang, du brauchst eine andere Frisur.	_____
lockig	Lockige Haare gefallen mir besser als glatte.	_____
die **Krawatte**, -n	Ich trage nie eine Krawatte.	_____
kariert	Der Schal ist kariert.	_____

gestreift	Das T-Shirt ist gestreift.	_____

der **Bart**, ⸚e	Viele Männer haben einen Bart.	_____
der **Stil**, -e	Wie ist dein Stil? Sportlich oder elegant?	_____
das **Top**, -s	Im Sommer tragen die Mädchen bunte Tops.	_____
das **Kennzeichen**, -	Sein Kennzeichen sind die roten Haare.	_____
das **Armband**, ⸚er		_____

humorvoll	Ich mag Menschen, die humorvoll und lustig sind.	_____

Richtig streiten

den Müll rausbringen, brachte raus, hat rausgebracht
Zu Hause ist es meine Aufgabe, den Müll rauszubringen.
_____

die Tafel wischen, wischte, hat gewischt
Nach jeder Stunde muss man im Klassenzimmer die Tafel wischen.
_____

den Tisch decken, deckte, hat gedeckt
Vor dem Essen muss man den Tisch decken.
_____

zu spät kommen, kam, ist gekommen
Wenn du jetzt nicht losgehst, kommst du zu spät zur Schule.
_____

das **Geheimnis,** -se
Ein Geheimnis darfst du niemandem erzählen.
_____

verraten, verriet, hat verraten
Bitte verrate das Geheimnis nicht.
_____

sich an die Regel halten, hielt s., hat s. gehalten
Jeder muss sich an die Klassenregeln halten.
_____

aufbleiben, blieb auf, ist aufgeblieben
Am Wochenende darf ich abends länger aufbleiben.
_____

die Spülmaschine ausräumen, räumte aus, hat ausgeräumt
Wer hilft mir, in der Küche die Spülmaschine auszuräumen?
_____

unfair
Ich muss immer alles allein machen, das ist unfair.
_____

wieso
Wieso streitet ihr euch?
_____

die **Streitschlichtung,** -en

der **Konflikt**, -e	Was ist das Problem? Beschreibt euren Konflikt. _____
einführen, führte ein, hat eingeführt	Zuerst werden die Gesprächsregeln eingeführt. _____
ausreden lassen, ließ ausreden, hat ausreden lassen	Lass den anderen ausreden und hör zu. _____
zu Wort kommen, kam, ist gekommen	Bei dem Gespräch muss jeder zu Wort kommen. _____
beleidigen, beleidigte, hat beleidigt	Achte auf deine Worte. Du darfst niemanden beleidigen. _____
klären, klärte, hat geklärt	Ist der Streit geklärt? _____
weitererzählen, erzählte weiter, hat weitererzählt	Von unserem Gespräch darfst du nichts weitererzählen. _____
zustimmen, stimmte zu, hat zugestimmt	Bist du einverstanden? Stimmst du dem Vorschlag zu? _____
die **Vereinbarung**, -en	Dann unterschreib bitte die Vereinbarung. _____
unterschreiben, unterschrieb, hat unterschrieben	_____
der **Abschluss**, ⁀e	Zum Abschluss gebt ihr euch die Hand. _____
ausleihen, lieh aus, hat ausgeliehen	Marie hat sich von Leon ein Computerspiel ausgeliehen. _____
sich beschweren, beschwerte s., hat s. beschwert	Jetzt ist das Spiel kaputt und Leon beschwert sich bei Marie. _____
sich Mühe geben, gab, hat gegeben	Sei fleißiger, gib dir in der Schule etwas mehr Mühe. _____
der **Blödsinn**	Das stimmt doch gar nicht, das ist Blödsinn! _____
der **Streber**, -	Ein Streber will immer der Beste sein. _____

sich aufregen, regte s. auf, hat s. aufgeregt	Reg dich bitte nicht auf, das ist nicht so schlimm.	_____
still	Psst, sei still!	_____
eklig	Igitt! Das ist eklig.	_____
Igitt!		_____
Ach ja?	Ach ja? Das wusste ich noch nicht.	_____
Oh je!	Oh je! Das klingt gar nicht gut.	_____
Aha!	Aha! Ich habe es gewusst!	_____
So, so!	Der Bus ist also nicht gekommen. So, so!	_____
Nanu?	Nanu, wo ist denn mein Stift?	_____
Das ist mir egal.		_____
Das kann nicht wahr sein.		_____

Zu Gast in Deutschland

der **Austauschschüler**, - die **Austauschschülerin**, -nen	Miriam besucht eine Klasse in Deutschland, sie ist eine Austauschschülerin aus Georgien.	_____
sich verlieben, verliebte s., hat s. verliebt	Sie hat sich in das Land verliebt, ihr gefällt es dort sehr gut.	_____
die **Heimat**, -en	Ihre Heimat ist Georgien.	_____
erleichtern, erleichterte, hat erleichtert	Sprachkenntnisse erleichtern den Alltag in einem anderen Land.	_____
irgendwie	Irgendwie geht es immer weiter.	_____
das **Schulsystem**, -e	Das Schulsystem ist bei uns anders als in Deutschland.	_____

stressig	Die vielen Hausaufgaben sind manchmal stressig.	_____
feststehen, stand fest, hat festgestanden	Für mich steht fest, dass ich nach der Schule ein Praktikum machen will.	_____
der **Beginn**, -e	Zu Beginn ist in einem anderen Land vieles neu und ungewohnt.	_____
gewohnt ←→ **ungewohnt**		_____
das **Ausland**	Warst du schon mal im Ausland?	_____
überraschend	Was war neu und überraschend für dich?	_____